EL ESQUELETO

DEL

INGLÉS

Wilfrido González

Un manual para entender
la estructura del idioma inglés
y facilitar su aprendizaje

Trafford rev. 12/16/2021

 www.trafford.com

North America & international
toll-free: 844-688-6899 (USA & Canada)
fax: 812 355 4082

CONTENIDO

Agradecimientos

Mi sincero agradecimiento al Prof. Miguel Armenta – un inolvidable maestro de inglés que me ayudó a entender la estructura simple de este idioma.

A mi esposa Carmelita por sus observaciones en la redacción de mi manuscrito y por la revisión del manuscrito final.

A mi sobrino Francisco (Paco) Hui por su apoyo técnico en la computadora.

A mis padres, Feliciano (fallecido) y Elena, sin cuyo sacrificio por darme una educación universitaria difícilmente yo hubiera podido llegar al punto de considerar que podría escribir este libro.

Y, sobre todo, a Dios, sin cuya ayuda este libro nunca hubiera salido a la luz.

El Inglés, Lenguaje Simple

Es más fácil aprender inglés que aprender español. ¡Sí!, leyó usted bien: **ES MÁS FÁCIL APRENDER INGLÉS QUE APRENDER ESPAÑOL.** No lo cree, ¿verdad? Pues se lo puedo demostrar muy fácilmente. Considere lo siguiente:

El verbo "TRABAJAR", por ejemplo, si lo queremos conjugar en tiempo **pasado** decimos:

Yo TRABAJÉ

Tú TRABAJASTE

El /Ella/ello TRABAJÓ

Nosotros TRABAJAMOS

Vosotros TRABAJASTEIS

Ustedes TRABAJARON

Ellos TRABAJARON

¿Cuántas formas diferentes tenemos? ¡**SEIS**!

¿Y en inglés? ¡**Solo UNA**!: "**WORKED**", punto.

¿Y qué decir del tiempo **futuro** (TRABAJARÉ, TRABAJA-RÁS, TRABAJARÁ, TRABAJAREMOS, TRABAJAREIS, TRA-BAJARÁN)?

En inglés ¡**solo UNA** forma también!: "**WILL WORK**", punto.

Esto es algo que usted debe recordar siempre que piense que el inglés es muy complicado.

Además, si usted aprendió español ¿por qué no habría de poder aprender inglés?

Otra cosa que simplifica el inglés es el uso de auxiliares: *Do, will, would, did*, etc. El uso de estos auxiliares y su combinación con los verbos dan como resultado ciertas formas definidas y repetitivas para "armar" oraciones. Esas **formas definidas y repetitivas para hacer oraciones** en inglés, vistas como un todo, revelan una **estructura tremendamente simple** si la comparamos con la compleja estructura de nuestro idioma español.

Así que, si usted tiene el deseo o la necesidad de aprender inglés pero se ha sentido intimidado por su aparente complejidad, este manual le ayudará a ver que no es tan complicado como parece.

Introducción

El propósito de este libro es servir como AYUDA (o sea, como <u>manual</u> o herramienta) para aquellos que estudian el inglés pero que se les dificulta formar oraciones: "¿Cuándo debo usar el *have*? ¿Cuándo debo usar el *would*? ¿Cuándo debo usar el *do*, o el *is*, o el *can*?..." Este libro le ayudará a responder esas preguntas.

En el aprendizaje de cualquier disciplina, arte, ciencia o idioma, hay quienes necesitan que un maestro les explique y les responda sus preguntas. Pero otras personas pueden aprender por ellas mismas – observando, estudiando y practicando: estas personas son autodidactas (que aprenden sin maestro).

Para las personas que no son autodidactas, que van a la escuela para aprender el inglés, este manual les será un complemento ideal.

Para las personas autodidactas este manual les puede ahorrar el gasto de un costoso curso y podría bastarles este manual junto con un buen diccionario.

Algunas personas se desaniman ante cursos de diez o doce volúmenes y no pasan del segundo o tercer volumen – se sienten abrumados ante un mundo de ejercicios, videocasetes, audio casetes, volúmenes y más volúmenes. Digo esto porque algunas personas que estudian alguno de estos cursos han venido a buscar mi ayuda o la de mi esposa para que les explique conjugaciones, uso de auxiliares y formación de oraciones y frases en inglés.

Fue así como llegué a ver la necesidad de un manual lo más breve posible que en forma concisa diera un panorama completo de la estructura de este idioma.

Por eso aquí no doy pronunciación (usted encuentra la pronunciación en el diccionario, o viendo la televisión en inglés, o en la práctica de la conversación), ni vocabulario (con excepción de los verbos y los auxiliares), ni ejercicios, ni muchas definiciones gramaticales, porque eso le quitaría la simplicidad que quiero mantener en este manual. La idea es que usted lo pueda llevar a todas partes y consultarlo en cualquier momento que lo necesite.

Incluso para los maestros de inglés este libro puede convertirse en un excelente apoyo didáctico.

Así que los cursos, los métodos, diccionarios, videos, etc., son como tratados de "ANATOMIA" del idioma inglés. Pero así como en los libros de anatomía siempre se muestra el ESQUELETO para que la anatomía del cuerpo pueda ser claramente entendida, así también para entender claramente la "anatomía" del inglés se necesita conocer el "ESQUELETO" de este idioma. En todos los métodos de inglés que he revisado he encontrado "huesos" y "articulaciones" aquí y allá, pero nunca he visto de una manera clara el ESQUELETO completo de este idioma. El propósito de este manual es mostrarle dicho ESQUELETO – la ESTRUCTURA del inglés.

Usted todavía necesitará aumentar su **vocabulario**, aprender las **conjugaciones** de los verbos regulares e irregulares, y practicar la **pronunciación**. Para todo esto lo mejor es leer en Inglés, ver televisión en inglés (de preferencia con subtítulos en inglés) y, sobre todo, CONVERSAR en inglés. NO HAY SUBSTITUTO PARA ESTO. Pero, si usted aprende las estructuras mostradas en este manual, entonces cuando lea u oiga el inglés, usted podrá identificar casi en todas las oraciones, aquí y allá, alguna de las conjugaciones o alguno de los auxiliares en cualquiera de sus diferentes formas explicadas aquí. Entonces el inglés empezará a tener sentido para usted.

La forma en que este manual está organizado es:

- Se da una **explicación breve** de un concepto
- Se dan **tablas** que muestran las estructuras correspondientes
- Se agregan **ejemplos** aplicables a cada estructura.

En el penúltimo capítulo aparece un escrito en inglés, donde **se resaltan** los **auxiliares**, los **verbos**, y otros **términos fundamentales** de la estructura del inglés.

Usted no necesita estudiar este manual en un orden definido, lección por lección. No, usted puede ir directamente a cualquiera de las lecciones y avanzar o regresar según el tema que usted necesite reforzar para su aprendizaje.

¡Comencemos!

LECCIÓN 1

Auxiliares y Verbos: la Columna Vertebral del Inglés

A diferencia del español, el idioma inglés usa **AUXILIARES** de manera muy extensa. Usted encontrará auxiliares en el inglés por todas partes. Esos auxiliares, junto con los verbos, son como la "COLUMNA VERTEBRAL" del idioma inglés. Y *al combinar los auxiliares y los verbos en las conjugaciones requeridas para hacer oraciones* se forma el "ESQUELETO" completo.

En los diferentes métodos de inglés es normal que se expliquen detalladamente las conjugaciones de los verbos. Pero en este manual solo se da una breve explicación de las conjugaciones de los verbos en general para dedicar más espacio al uso de los auxiliares.

Es importante notar que en tiempos **PRESENTE** y **PASADO**, en modo **AFIRMATIVO**, los verbos **NO REQUIEREN EL USO DE NINGUN AUXILIAR**. Pero en tiempos **futuro, participio, gerundio** y todos los demás, o en los modos **negativo** e **interrogativo, el uso de los auxiliares es indispensable**.

Ejemplos SIN AUXILIAR:

I **work** at an assembly factory	Yo **trabajo** en una maquiladora
You guys **played** excellent!	Ustedes **jugaron** excelente!
Virgilio **lives** in Pomona	Virgilio **vive** en Pomona

Ejemplos CON AUXILIAR:

Carmelita *has lived* in Tijuana since 1989	Carmelita *ha vivido* en Tijuana desde 1989
Angela *does not live* in Mexico city any longer	Angela ya *no vive* en la ciudad de México
Mom Elena *will travel* to Tepic this year	Mamá Elena *viajara* a Tepic este año
Has Ulises *been* to Cedar Lake Camp?	*Ha estado* Ulises en el Campamento de Cedar Lake?
Genaro and Rodrigo *have not ridden* a horse	Genaro y Rodrigo *no han montado* a caballo

Otra observación importante es que los **verbos** se clasifican en **REGULARES** e **IRREGULARES**. Sin entrar en explicaciones detalladas solo doy una lista de verbos regulares y otra de verbos irregulares, cada verbo con sus conjugaciones básicas correspondientes (ambas son listas simplificadas – solo verbos más comunes). Los primeros dos verbos enlistados en cada una de las dos secciones muestran también las conjugaciones en español como ejemplos. Pero no lo hago con todos los verbos enlistados porque usted ya sabe como conjugar los verbos en español. Así que con los ejemplos dados usted se puede guiar para conjugar los demás verbos – y la tabla se mantiene simple.

Y conviene que usted se vaya familiarizando con el inglés

por medio de la lectura en este idioma. Así que aquí le muestro la traducción del párrafo anterior:

Another important observation **is** that verbs **are** classified as either REGULAR or IRREGULAR. Without **getting** into detailed explanations **I'm** just **giving** a list of regular verbs and another one with irregular verbs, every verb with **its** corresponding basic conjugations (both **are** simplified lists – just more common verbs). The first two verbs **listed** on each of the two sections **show**, as examples, the conjugations in Spanish too. But **I don't do** this on all of the verbs listed since you already **know** how to **conjugate** the verbs in Spanish. So, **you can take** the samples **given** as a guide to **conjugate** the rest of the verbs – and the table is kept simple.

También he resaltado **pronombres, verbos, auxiliares** y palabras como "**its**" que se explican más adelante. Estas palabras resaltadas le irán dando una idea de cómo se ve el ESQUELETO del inglés.

Ahora sí, pasemos a la tabla de verbos – los primeros "huesos" de la "columna vertebral" del inglés.

VERBOS REGULARES

INFINITIVO y conjugación en presente	PASADO	PASADO PARTICIPIO	GERUNDIO
abrir - OPEN abro abres abre abrimos abren	OPENED abrí abriste abrió abrimos abrieron	OPENED abierto	OPENING abriendo
aceptar – ACCEPT acepto aceptas acepta aceptamos aceptan	ACCEPTED acepté aceptaste aceptó aceptamos aceptaron	ACCEPTED aceptado	ACCEPTING aceptando

Como mencioné, aquí aparecen todas las conjugaciones en español de estos primeros dos verbos de la lista. Y para el resto de los verbos en la lista solo aparecen las conjugaciones en inglés.

ESPAÑOL	INFINITIVO	PASADO	PASADO PARTICIPIO	GERUNDIO
amar	love	loved	loved	loving
aprender	learn	learned	learned	learning
apurar	hurry	hurried	hurried	hurrying
atreverse	dare	dared	dared	daring
ayudar	help	helped	helped	helping
bailar	dance	danced	danced	dancing

VERBOS REGULARES (continuación)

ESPAÑOL	INFINITIVO	PASADO	PASADO PARTICIPIO	GERUNDIO
borrar	erase	erased	erased	erasing
borrar	delete	deleted	deleted	deleting
cambiar	change	changed	changed	changing
caminar	walk	walked	walked	walking
cerrar	close	closed	closed	closing
citar	date	dated	dated	dating
cocinar	cook	cooked	cooked	cooking
considerar	consider	considered	considered	considering
contar	count	counted	counted	counting
contestar	answer	answered	answered	answering
desear	wish	wished	wished	wishing
empezar	start	started	started	starting
empujar	push	pushed	pushed	pushing
entregar	deliver	delivered	delivered	delivering
escuchar	listen	listened	listened	listening
esperar	expect	expected	expected	expecting
esperar	wait	waited	waited	waiting
estudiar	study	studied	studied	studying
extrañar	miss	missed	missed	missing
fumar	smoke	smoked	smoked	smoking
gozar	enjoy	enjoyed	enjoyed	enjoying
gustar	like	liked	liked	liking
hablar	talk	talked	talked	talking
herir	wound	wounded	wounded	wounding
intentar, tratar	try	tried	tried	trying
jugar	play	played	played	playing
lavar	wash	washed	washed	washing

17

VERBOS REGULARES (continuación)

ESPAÑOL	INFINITIVO	PASADO	PASADO PARTICIPIO	GERUNDIO
limpiar	clean	cleaned	cleaned	cleaning
llegar	arrive	arrived	arrived	arriving
llenar	fill	filled	filled	filling
llover	rain	rained	rained	raining
mirar	look	looked	looked	looking
mostrar	show	showed	showed	showing
necesitar	need	needed	needed	needing
nombrar	name	named	named	naming
ordenar	order	ordered	ordered	ordering
parar	stop	stopped	stopped	stopping
permanecer	stay	stayed	stayed	staying
permitir	allow	allowed	allowed	allowing
pertenecer	belong	belonged	belonged	belonging
planear	plan	planned	planned	planning
plantar	plant	planted	planted	planting
practicar	practice	practiced	practiced	practicing
preguntar	ask	asked	asked	asking
querer	want	wanted	wanted	wanting
recordar	remember	remembered	remembered	remembering
rentar	rent	rented	rented	renting
repetir	repeat	repeated	repeated	repeating
resistir	resist	resisted	resisted	resisting
rogar	beg	begged	begged	begging
saltar	jump	jumped	jumped	jumping
seguir	follow	followed	followed	following
señalar	point	pointed	pointed	pointing
soñar	dream	dreamed	dreamed	dreaming
terminar	end	ended	ended	ending

VERBOS REGULARES (continuación)

ESPAÑOL	INFINITIVO	PASADO	PASADO PARTICIPIO	GERUNDIO
terminar	finish	finished	finished	finishing
trabajar	work	worked	worked	working
tratar	try	tried	tried	trying
trepar	climb	climbed	climbed	climbing
usar	use	used	used	using
vestir	dress	dressed	dressed	dressing
viajar	travel	traveled	traveled	traveling
visitar	visit	visited	visited	visiting
vivir	live	lived	lived	living
voltear	turn	turned	turned	turning

VERBOS IRREGULARES

INFINITIVO y conjugación en presente	PASADO	PASADO PARTICIPIO	GERUNDIO
atrapar - CATCH atrapo atrapas atrapa atrapamos atrapan	COUGHT atrapé atrapaste atrapó atrapamos atraparon	COUGHT atrapado	CATCHING atrapando
barrer – SWEEP barro barres barre barremos barren	SWEPT barrí barriste barrió barrimos barrieron	SWEPT barrido	SWEEPING barriendo

VERBOS IRREGULARES (continuación)

ESPAÑOL	INFINITIVO	PASADO	PASADO PARTICIPIO	GERUNDIO
beber	drink	drank	drunk	drinking
cabalgar	ride	rode	ridden	riding
caer	fall	fell	fallen	falling
cantar	sing	sang	sung	singing
colocar	set	set	set	setting
comer	eat	ate	eaten	eating
comprar	buy	bought	bought	buying
cabalgar	ride	rode	ridden	riding
caer	fall	fell	fallen	falling
cantar	sing	sang	sung	singing
colocar	set	set	set	setting
comer	eat	ate	eaten	eating
comprar	buy	bought	bought	buying
conocer	know	knew	known	knowing
conocer	meet	met	met	meeting
conseguir	get	got	gotten	getting
conservar	keep	kept	kept	keeping
construir	build	built	built	building
cortar	cut	cut	cut	cutting
correr	run	ran	run	running
crecer	grow	grew	grown	growing
dar	give	gave	given	giving
decir	tell	told	told	telling
despertar	wake up	woke up	woken up	waking up
disparar	shoot	shot	shot	shooting
dormir	sleep	slept	slept	sleeping

VERBOS IRREGULARES (continuación)

ESPAÑOL	INFINITIVO	PASADO	PASADO PARTICIPIO	GERUNDIO
empezar	begin	began	begun	beginning
encontrar	find	found	found	finding
ensenar	teach	taught	taught	teaching
escribir	write	wrote	written	writing
ganar	win	won	won	winning
conservar	keep	kept	kept	keeping
hablar	speak	spoke	spoken	speaking
hacer	do	did	done	doing
hacer	make	made	made	making
ir	go	went	gone	going
lastimar	hurt	hurt	hurt	hurting
leer	read	read	read	reading
llegar a ser	bocome	became	become	becoming
mandar	send	sent	sent	sending
manejar	drive	drove	driven	driving
nadar	swim	swam	swum	swimming
oir	hear	heard	heard	hearing
olvidar	forget	forgot	forgotten	forgetting
pagar	pay	paid	paid	paying
pararse	stand	stood	stood	standing
pegar, golpear	hit	hit	hit	hitting
pensar	think	thought	thought	thinking
perder	lose	lost	lost	loosing
permitir	let	let	let	letting
poner	put	put	put	putting
prestar	lend	lent	lent	lending
robar	steal	stole	stole	stealing
romper	break	broke	broken	breaking

VERBOS IRREGULARES (continuación)

ESPAÑOL	INFINITIVO	PASADO	PASADO PARTICIPIO	GERUNDIO
sacudir	shake	shook	shaken	shaking
salir	leav	left	left	leaving
sentar	sit	sat	sat	sitting
sentir	feel	felt	felt	feeling
ser, estar	be	was - were	been	being
significar, querer decir	mean	meant	meant	meaning
soñar	dream	dreamt	dreamt	dreaming
sostener	hold	held	held	holding
tener, haber	have - has	had	had	having
tirar, aventar	throw	threw	thrown	throwing
tomar, llevar	take	took	took	taking
traer	bring	brought	brought	bringing
usar	wear	wore	worn	wearing
vender	sell	sold	sold	selling
venir	come	came	come	coming
ver	see	saw	seen	seeing
volar	fly	flew	flown	flying

Ahora pasemos a los auxiliares. Por claridad quiero dividir los auxiliares en dos tipos: Los **VERBOS-AUXILIARES** y los **AUXILIARES SIMPLES**. En los siguientes dos capítulos se muestra el uso de cada uno de estos auxiliares.

LECCIÓN 2

Verbos-Auxiliares

Los auxiliares que aparecen de manera más extensa en el inglés son los que yo llamo *verbos-auxiliares* porque se pueden usar *a veces como verbos y otras veces como auxiliares*. Incluso se pueden usar como auxiliar y como verbo al mismo tiempo. Por ejemplo: "I AM BEING very careful" - el mismo verbo "to BE" (SER o ESTAR) se utiliza para decir "Yo ESTOY SIENDO muy cuidadoso"; "ESTOY" es el auxiliar, y "SIENDO" es el verbo. Existen tres de estos VERBOS-AUXILIARES:

To BE   **To HAVE**   **To DO**

Pero note lo que menciono arriba: Que estos auxiliares "son los que **yo llamo** verbos-auxiliares". Así que lo más seguro es que no encuentre usted este término en ningún método o libro de texto fuera de este manual.

Y en las siguientes tablas se muestran las diferentes formas y modos de estos verbos-auxiliares. El ASTERISCO* en el encabezado de una columna indica que en esa columna aparece la CONTRACCION.

Estoy dejando algunas páginas a medio llenar aun cuando

no sea el final de la lección porque es muy importante que las tablas de auxiliares aparezcan completas en una sola página para que se pueda apreciar más claramente su aplicación.

Comenzamos con "to BE".

VERBOS-AUXILIARES

TO BE (SER o ESTAR), Modo AFIRMATIVO

	PRESENTE	*	PASADO	*	FUTURO	*
I yo	AM soy, estoy	I'm	WAS fui, era, estuve, estaba	---	will be seré, estaré	I'll be
YOU tú	ARE eres, estás	You're	WERE fuiste, eras, estuviste, estabas	---	will be serás, estarás	You'll be
HE él	IS es, está	He's	WAS fue, era, estuvo, estaba	---	will be será, estará	He'll be
SHE ella	IS es, está	She's	WAS fue, era, estuvo, estaba	---	will be será, estará	She'll be
IT ello	IS es, está	It's	WAS fue, era, estuvo, estaba	---	will be será, estará	It'll be
WE nosotros	ARE somos, estamos	We're	WERE fuimos, éramos, estuvimos, estábamos	---	will be seremos, estaremos	We'll be
YOU ustedes	ARE son, están	You're	WERE fueron, eran, estuvieron, estaban	---	will be serán, estarán	You'll be
THEY ellos	ARE son, están	They're	WERE fueron, eran, estuvieron, estaban	---	will be serán, estarán	They'll be

COMENTARIO: Note la simplicidad para el tiempo futuro: *will be* – sea la persona que sea (I, you, he, she, it, we, you, they). En cambio en español: **seré, estaré, serás, estarás, será, estará, seremos, estaremos, serán, estarán**. Y en los demás tiempos también podemos ver un marcado contraste en la simplicidad del inglés con respecto al español.

Ejemplos con "BE" en modo AFIRMATIVO:

Asdrubal **is** working at the restaurant	Asdrúbal **está** trabajando en el restaurante
I **was** very shy	Yo **era** muy tímido
You **were** singing in the shower	**Estabas** cantando en la regadera
We'll be angry if they don't help you	**Estaremos** enojados si no te ayudan
Edgar and Joseph **were** soldiers	Edgar y Joseph **eran** soldados
Lety and her children **were** living in Tabasco	Lety y sus hijos **estaban** viviendo en Tabasco
God **was** leading the people of Israel to the Promised Land	Dios **estaba** guiando al pueblo de Israel hacia la Tierra Prometida
You **will be** safe in God's hands	**Estarás** seguro en las manos de Dios

COMENTARIO: No he explicado los pronombres (I, YOU, HE, SHE, IT, WE, YOU, THEY) porque esto lo considero conocimiento básico para todo estudiante del inglés, así que solo es importante mencionar que los pronombres son también parte fundamental de este estudio y los estaremos usando continuamente. Pero hay algo que si es necesario recalcar: Muchas veces usted necesitará identificar el pronombre apropiado para saber como conjugar el verbo. Por ejemplo si el sujeto en una oración es un **grupo** de personas, como "**Sasha, Gustavo, Cliff, Maricruz y el pastor**", el pronombre es "ellos", o sea, "**they**". Por lo tanto el verbo sería "**are**" y no "is". En cambio si hablamos de "**la casa**" el pronombre es "**it**" y, en ese caso, el verbo sería "**is**" y no "are".

VERBOS-AUXILIARES

TO BE (SER o ESTAR), Modo <u>NEGATIVO</u>

	PRESENTE	*	PASADO	*	FUTURO	*
I yo	**AM NOT** no soy, no estoy	I'm not	**was not** no fuí, no era, no estuve, no estaba	wasn't	**will not be** no seré, no estaré	won't be
YOU tú	**ARE NOT** no eres, no estás	You're not You aren't	**were not** no fuiste, no eras, no estuviste, no estabas	weren't	**will not be** no serás, no estarás	won't be
HE él	**IS NOT** no es, no está	He's not He isn't	**was not** no fué, no era, no estuvo, no estaba	wasn't	**will not be** no será, no estará	won't be
SHE ella	**IS NOT** no es, no está	She's not She isn't	**was not** no fué, no era, no estuvo, no estaba	wasn't	**will not be** no será, no estará	won't be
IT ello	**IS NOT** no es, no está	It's not It isn't	**was not** no fué, no era, no estuvo, no estaba	wasn't	**will not be** no será, no estará	won't be
WE nosotros	**ARE NOT** no somos, no estamos	We're not We aren't	**were not** no fuimos, no éramos, no estuvimos, no estábamos	weren't	**will not be** no seremos, no estaremos	won't be
YOU ustedes	**ARE NOT** no son, no están	You're not You aren't	**were not** no fueron, no eran, no estuvieron, no estaban	weren't	**will not be** no serán, no estarán	won't be
THEY ellos	**ARE NOT** no son, no están	They're not They aren't	**were not** no fueron, no eran, no estuvieron, no estaban	weren't	**will not be** no serán, no estarán	won't be

COMENTARIO: Una vez más, observe el contraste entre la simplicidad del inglés y la complejidad del español.

Ejemplos con "**BE**" en modo **NEGATIVO**:

They're not home	**No están** en casa
The kids **were not** doing their homework	Los niños **no estaban** haciendo sus tareas
You **will not be** forsaken by God	**No serás** abandonado por Dios
Grandpa Cayetano **was** not grumpy	Abuelito Cayetano **no era** gruñón
That **won't be** necessary	Eso **no será** necesario
He **wasn't** doing his job	El **no estaba** haciendo su trabajo

VERBOS-AUXILIARES

TO HAVE (HABER o TENER), Modo __AFIRMATIVO__

	PRESENTE	*	PASADO	*	FUTURO	*
I yo	**HAVE** he, tengo	I've	HAD hube, había, tuve, tenía	I'd	will HAVE habré, tendré	I'll have
YOU tú	**HAVE** has, tienes	You've	HAD hubiste, habías, tuviste, tenías	You'd	will HAVE habrás, tendrás	You'll have
HE él	**HAS** ha, tiene	He's	HAD hubo, había, tuvo, tenía	He'd	will HAVE habrá, tendrá	He'll have
SHE ella	**HAS** ha, tiene	She's	HAD hubo, había, tuvo, tenía	She'd	will HAVE habrá, tendrá	She'll have
IT ello	**HAS** ha, tiene	It's	HAD hubo, había, tuvo, tenía	It'd	will HAVE habrá, tendrá	It'll have
WE nosotros	**HAVE** hemos, tenemos	We've	HAD hubimos, habíamos, tuvimos, teníamos	We'd	will HAVE habremos, tendremos	We'll have
YOU ustedes	**HAVE** han, tienen	You've	HAD hubieron, habían, tuvieron, tenían	You'd	will HAVE habrán, tendrán	You'll have
THEY ellos	**HAVE** han, tienen	They've	HAD hubieron, habían, tuvieron, tenían	They'd	will HAVE habrán, tendrán	They'll have

Ejemplos:

I **have** a pet bunny	**Tengo** un conejito mascota
We **had** a lot of free time	**Teníamos** mucho tiempo libre, o **Tuvimos** mucho tiempo libre
James **will have** to solve that problem	James **tendrá** que resolver ese problema
Cristina **will have** finished her homework in a couple minutes	Cristina **habrá** terminado su tarea en unos cuantos minutos

TO HAVE (HABER o TENER), Modo <u>NEGATIVO</u>

	PRESENTE	*	PASADO	*	FUTURO	*
I Yo	**HAVE not** no he, no tengo	haven't	**HAD not** no hube, no había, no tuve, no tenía	hadn't	will not HAVE no habré, no tendré	won't HAVE
YOU Tú	**HAVE not** no has, no tienes	haven't	**HAD not** no hubiste, no habías, no tuviste, no tenías	hadn't	will not HAVE no habrás, no tendrás	won't HAVE
HE El	**HAS not** no ha, no tiene	hasn't	**HAD not** no hubo, no había, no tuvo, no tenía	hadn't	will not HAVE no habrá, no tendrá	won't HAVE
SHE Ella	**HAS not** no ha, no tiene	hasn't	**HAD not** no hubo, no había, no tuvo, no tenía	hadn't	will not HAVE no habrá, no tendrá	won't HAVE
IT Ello	**HAS not** no ha, no tiene	hasn't	**HAD not** no hubo, no había, no tuvo, no tenía	hadn't	will not HAVE no habrá, no tendrá	won't HAVE
WE Nosotros	**HAVE not** no hemos, no tenemos	haven't	**HAD not** no hubimos, no habíamos, no tuvimos, no teníamos	hadn't	will not HAVE no habremos, no tendremos	won't HAVE
YOU Ustedes	**HAVE not** no han, no tienen	haven't	**HAD not** no hubieron, no habían, no tuvieron, no tenían	hadn't	Will not HAVE no habrán, no tendrán	won't HAVE
THEY Ellos	**HAVE not** no han, no tienen	haven't	**HAD not** no hubieron, no habían, no tuvieron, no tenían	hadn't	will not HAVE no habrán, no tendrán	won't HAVE

VERBOS-AUXILIARES

COMENTARIO: En esta última conjugación en modo negativo del verbo HAVE vemos un contraste aún más grande. Observe este resumen:

Inglés	Conjugación en español	
HAD NOT	Yo	no tuve, no tenía, no hube, no había
	Tú	no tuviste, no tenías, no hubiste, no habías
	El, ella, ello	no tuvo, no tenía, no hubo, no había
	Nosotros	no tuvimos, no teníamos, no hubimos, no habíamos
	Ustedes	no tuvieron, no tenían, no hubieron, no habían
	Ellos	no tuvieron, no tenían, no hubieron, no habían
WILL NOT HAVE	Yo	no tendré, no habré
	Tú	no tendrás, no habrás
	El, ella, ello	no tendrá, no habrá
	Nosotros	no tendremos, no habremos
	Ustedes	no tendrán, no habrán
	Ellos	no tendrán, no habrán

Ejemplos:

We **have not** been to Las Vegas	**No hemos** estado en Las Vegas
Adela and Elvira **haven't** learned English yet	Adela y Elvira **no han** aprendido inglés todavía
Juan **has** obtained a college degree in Physical Education	Juan **ha** obtenido una licenciatura en Educación Física
It **hadn't** been this cold until now	**No había** hecho tanto frío hasta ahora
Arturo **won't have** to stay at the motel	Arturo **no tendrá** qué quedarse en el motel
Carlos **will not have** fallen asleep when you arrive	Carlos no se **habrá** dormido cuando tu llegues
Sergio **will have** worked all week	Sergio **habrá** trabajado toda la semana
They **won't have** to play this Sunday	Ellos **no tendrán** que jugar este domingo

EL ESQUELETO DEL INGLÉS

TO DO (HACER), Modo **AFIRMATIVO**

	PRESENTE	**PASADO**	**FUTURO**	*
I yo	DO hago	DID hice, hacía	will DO haré	I'll DO
YOU tú	DO haces	DID hiciste, hacías	will DO harás	You'll DO
HE él	DOES hace	DID hizo, hacía	will DO hará	he'll DO
SHE ella	DOES hace	DID hizo, hacía	will DO hará	She'll DO
IT ello	DOES hace	DID hizo, hacía	will DO hará	It'll DO
WE nosotros	DO hacemos	DID hicimos, hacíamos	will DO haremos	We'll DO
YOU ustedes	DO hacen	DID hicieron, hacían	will DO harán	You'll DO
THEY ellos	DO hacen	DID hicieron, hacían	will DO harán	They'll DO

Ejemplos con "DO" usado como verbo:

Rene and Dany *do* their beds very quickly	René y Dany **hacen** sus camas muy rápido
I *did* my homework yesterday	**Hice** mi tarea ayer
You *did* well honey!	¡Lo **hiciste** bien mi amor!, o ¡Bien hecho mi amor!
She'll do it!	¡Ella lo *hará*!, o ¡Ella lo logrará!

Ejemplos con "DO" usado como auxiliar:

Does Sergio live in Mexicali?	¿Vive Sergio en Mexicali?
Do your twins learn fast?	¿Aprenden rápido tus gemelos?
Do your cats catch mice?	¿Tus gatos atrapan ratones?
Does Laura like dancing?	¿A Laura le gusta bailar?

Observe que tanto el **"do"** como el **"does"**, **usados como auxiliares, NO aparecen en la traducción** porque su única función (en estos ejemplos) es formar el interrogativo.

VERBOS-AUXILIARES

TO DO (HACER), Modo NEGATIVO

	PRESENTE	*	PASADO	*	FUTURO	*
I	DO not	Don't	DID not	didn't	will not DO no haré	won't DO
YOU	DO not	Don't	DID not	didn't	will not DO no harás	won't DO
HE	DOES not	Doesn't	DID not	didn't	will not DO no hará	won't DO
SHE	DOES not	Doesn't	DID not	didn't	will not DO no hará	won't DO
IT	DOES not	Doesn't	DID not	didn't	will not DO no hará	won't DO
WE	DO not	Don't	DID not	didn't	will not DO no haremos	won't DO
YOU	DO not	Don't	DID not	didn't	will not DO no harán	won't DO
THEY	DO not	Don't	DID not	didn't	will not DO no harán	won't DO

NOTA: El auxiliar-verbo "DO" en **negativo** no se usa como verbo en presente ni en pasado, solo en futuro. En presente y en pasado sólo se usa como auxiliar de otros verbos; la excepción sería cuando "DO" se usa simultáneamente como auxiliar y como verbo, como por ejemplo: "He **does** not **do** anything out of schedule" ("El no **hace** nada fuera del programa") o "They **did** not **do** their homework" ("Ellos no **hicieron** su tarea").

Ejemplos:

We *don't* **have** time to discuss this	**No tenemos** tiempo para discutir esto
Russell *doesn't* **play** bad at all!	¡Russell **no juega** nada mal!
Joey *did not* **finish** his homework yesterday	Joey **no terminó** su tarea ayer
I *will not do* business with the architect this year	No **haré** negocio con el arquitecto este año
Robert *won't do* the survey this week	Robert no **hará** la encuesta esta semana

Note como en los primeros tres ejemplos el "do" es usado como auxiliar de otros verbos (tener, jugar, terminar) mientras que en los últimos dos ejemplos el "do" es usado como verbo (hacer).

Quiero recalcar un detalle muy importante que ya mencioné arriba (página 32). El **"do"** (o **"does"** o **"did"**), CUANDO SE USA COMO AUXILIAR NO TIENE TRADUCCIÓN directa al español. Note en los siguientes ejemplos la diferencia con respecto a otros verbos-auxiliares:

IS Mr. Fleming traveling to Guadalajara?	¿**ESTÁ** el Sr. Fleming viajando a Guadalajara?
The kids **HAVE** enjoyed the Bible class	Los niños **HAN** disfrutado la clase bíblica
Ulises **DOES** not like kiwi	A Ulises no le gusta el kiwi
DO they believe in Jesus?	Creen ellos en Jesús?

IS corresponde a **ESTÁ**, **HAVE** corresponde a **HAN**, pero para **DOES** y para **DO** <u>no hay traducción</u> (solo se usa para <u>auxiliar</u> la conjugación del verbo).

LECCIÓN 3

Errores Comunes En El Uso De Auxiliares

Al usar los auxiliares es muy común, entre quienes están aprendiendo inglés, cometer alguno de los siguientes **errores**:

- No conjugar los verbos en la forma correcta
- Usar auxiliar cuando no se debe usar
- No usar auxiliar cuando sí se debe usar
- Duplicar la conjugación

Veamos algunos ejemplos con el auxiliar **BE** (**am, are, is**). Los verbos usados con este auxiliar normalmente deben ir en **gerundio** (trabaj**ando**, salt**ando**, durm**iendo**, etc.)

INCORRECTO	CORRECTO
Arturo **is work** in the lab	Arturo **is working** in the lab
You **were jumped** very high	You **were jumping** very high
I **was sleep** on the sofa	I **was sleeping** on the sofa
Pete and Jane **are have** lunch	Pete and Jane **are having** lunch
What time **are** you **will** come home?	What time **are** you **going to** come home?
I **writing** a book	I **am writing** a book
I **am listen** to the radio	I **am listening** to the radio

Ahora otros ejemplos con el auxiliar **HAVE**. Con este auxiliar los verbos deberán ir en **pasado participio** (permane**cido**, viaj**ado**, com**ido**, etc.)

INCORRECTO	CORRECTO
We **have staying** at the office all day long	We have **stayed** at the office all day long
Jacqueline **has travel** to New York two times	Jacqueline has **traveled** to New York two times
Tomas **given** his speech	Tomás **has given** his speech
Camden **has not went** home yet	Camden **has not gone** home yet
They **had ate** a lot of candy	They **had eaten** a lot of candy

Finalmente unos ejemplos con **DID** y con **DO**. En este caso los verbos se deben dejar en **infinitivo**. En estos ejemplos se ve el error de repetir la conjugación: Por ejemplo, cuando alguien usa el auxiliar **DID** (que conjuga cualquier verbo al tiempo pasado) y pone equivocadamente el verbo en tiempo pasado "**worked**"; o cuando alguien usa el auxiliar DOES (que conjuga cualquier verbo a la tercera persona del singular, o sea: el, ella, ello) y repite equivocadamente la conjugación (work**s**, eat**s**, etc.).

INCORRECTO	CORRECTO
She **doesn't** sing**s**	She **doesn't** sing
Does Jane like**s** football?	**Does** Jane like football?
It **did** not work**ed**	It **did** not work
He **doesn't** take**s** time to rest	He **doesn't** take time to rest
We **didn't brought** any money	We **didn't** bring any money

En estos ejemplos se muestra la diferencia entre una oración mal estructurada y una oración correctamente estructurada. En otras palabras: En un caso se ve que el ESQUELETO de la

36

oración está mal armado (los "huesos" no están en su lugar) mientras que en el otro caso se ve el esqueleto armado correctamente.

Así que, siempre que usted quiera decir o escribir una oración en inglés, recuerde los ejemplos anteriores (repáselos si es necesario) y consulte en este manual la sección correspondiente a la oración que usted está tratando de armar: Usted encontrará el "to have" en un capítulo, el interrogativo en otro, el "to be going" en otro, y así sucesivamente. Poco a poco usted irá integrando a su mente la estructura a la cual se debe apegar cuando hable o escriba el inglés.

Al principio seguirá cometiendo algunos errores; eso es normal, no se desanime. Pero como en todas las cosas "la práctica hace al maestro". Y a mucha gente le da vergüenza hablar el inglés porque teme equivocarse y que se rían de uno; lo único que puedo decirle es que si no supera la vergüenza de hablarlo nunca lo va a aprender, pero es mejor cometer errores y aprender que no cometerlos y no aprender.

LECCIÓN 4

Auxiliares Simples

Yo les llamo simples porque nunca cambian. Por ejemplo *should* siempre será *should*, *must* siempre será *must*, etc.

Los AUXILIARES SIMPLES, aunque algunos también son verbos, generalmente **no se pueden usar separados de los verbos** sino que sirven para ayudar en la conjugación de verbos en sus formas más complejas.

Por ejemplo: En la oración "I **worked** all week" ("**Trabajé** toda la semana") el verbo "work" **no necesita un auxiliar** para conjugarse al **pasado** (en modo afirmativo). Pero, si queremos conjugarlo a otra forma más compleja como "Yo *trabajaría* en ese proyecto", entonces **sí necesita un auxiliar** - "I *would work* on that project".

Las excepciones son cuando hacemos o respondemos una pregunta en la cual se sobreentiende de qué verbo estamos hablando, como en los dos ejemplos siguientes:

- They **CAN close** that deal (Ellos **PUEDEN cerrar** ese trato)
- **CAN** they? (¿**PUEDEN**?)

- **CAN** she **travel** tomorrow? (¿**PUEDE** ella **viajar** mañana?)

- Yes she **CAN** (Sí **PUEDE**)

Existen 9 AUXILIARES SIMPLES:

CAN
COULD
SHOULD
SHALL
MUST
WOULD
WILL
MIGHT
MAY

Y en las siguientes tablas vemos sus diferentes usos:

NOTAS:

1. Los auxiliares **CAN** y **COULD** también son verbos pero no los incluí en el capítulo anterior porque **no se pueden usar como verbos por sí solos** sino que tienen que usarse como auxiliares de otros verbos (con las excepciones mencionadas arriba).

2. El auxiliar **WILL** (para conjugar al tiempo futuro) no lo he explicado directamente pero ya mostré su aplicación en la conjugación del verbo "to be" (capítulo 2). Por eso ya no lo explico abajo.

AUXILIARES SIMPLES
CAN (PODER), Modo POSITIVO

	PRESENTE		PASADO	*	FUTURO	*
I	CAN	---	(ver nota 2)	---	(ver nota 2)	---
YOU	CAN	---	(ver nota 2)	---	(ver nota 2)	---
HE	CAN	---	(ver nota 2)	---	(ver nota 2)	---
SHE	CAN	---	(ver nota 2)	---	(ver nota 2)	---
IT	CAN	---	(ver nota 2)	---	(ver nota 2)	---
WE	CAN	---	(ver nota 2)	---	(ver nota 2)	---
YOU	CAN	---	(ver nota 2)	---	(ver nota 2)	---
THEY	CAN	---	(ver nota 2)	---	(ver nota 2)	---

NOTAS:

1. En realidad no era necesaria la tabla de arriba pero de todos modos la incluyo para mostrar la simplicidad de este verbo.

2. En Inglés no existe una equivalencia directa a "PUDE", "PUDISTE", "PODRE", "PODREMOS", etc. (tiempos **pasado** y **futuro**), sino que tiene que usarse una expresión similar. Por ejemplo, para decir "**PUDE escalar ese monte**", se traduce como "**I WAS ABLE to climb that mount**" que, en español, también signifca "**FUI CAPAZ de escalar ese monte**"; y para decir "**PODRE terminar el proyecto**", se traduce "**I WILL BE ABLE to finish the project**".

3. Entonces el pasado de CAN en modo AFIRMATIVO, "**COULD**" no significa "PUDE", "PUDISTE", "PUDO", etc., sino que este es otro auxiliar que significa "PODRIA", "PODRIAS", etc.; lo cual se muestra más adelante en esta lección.

Ejemplos:

Ben **can** drink a whole six pack in less than an hour!	Ben se **puede** beber un six pack completo en menos de una hora
You **can** run the marathon	Tu **puedes** correr el maratón

CAN (PODER), Modo NEGATIVO

	PRESENTE	*	PASADO	*	FUTURO	*
I	CAN not	can't	COULD not	couldn't	(ver nota anterior - #2)	---
YOU	CAN not	can't	COULD not	couldn't	(ver nota anterior - #2)	---
HE	CAN not	can't	COULD not	couldn't	(ver nota anterior - #2)	---
SHE	CAN not	can't	COULD not	couldn't	(ver nota anterior - #2)	---
IT	CAN not	can't	COULD not	couldn't	(ver nota anterior - #2)	---
WE	CAN not	can't	COULD not	couldn't	(ver nota anterior - #2)	---
YOU	CAN not	can't	COULD not	couldn't	(ver nota anterior - #2)	---
THEY	CAN not	can't	COULD not	couldn't	(ver nota anterior - #2)	---

Ejemplos:

I *can not* find my glasses	No **puedo** encontrar mis lentes
They *couldn't* wait any longer	No **podían** esperar más, o No **pudieron** esperar más

Observe que el auxiliar se usa para conjugar verbos (find, wait, etc.)

El resto de los auxiliares enlistados en este capítulo los clasifico como auxiliares simples **misceláneos** y los podemos simplificar en una sola tabla en lugar de hacer una tabla para cada uno. Esta es otra situación en que el inglés muestra una simplicidad tremenda. Es decir, que en lugar de conjugar en varias formas (por ejemplo):

Yo *vendería*

Tú *venderías*

El / ella *vendería*

Nosotros *venderíamos*

Vosotros *venderíais*

Ustedes / ellos *venderían*

en inglés simplemente se conjuga como "*would* sell" – para cualquiera de los pronombres:

I, you, he, she, it, we, you, they *would* sell

O sea que en **español** tuvimos que aprender **cinco conjugaciones**, mientras que en **inglés** solo tenemos que aprender ¡**una**!

Así que en esta simple tabla se resume el uso de estos seis auxiliares para *cualquiera de los diferentes pronombres*, y para *cualquier verbo*:

PRONOMBRE	AFIRMATIVO	*	NEGATIVO	*
	SHOULD	---	SHOULD not	shouldn't
Aplica **igual**	MUST	---	MUST not	mustn't
para todos	SHALL	---	SHALL not	---
(I, You, He,	MIGHT	---	MIGHT not	---
She, It, We,	MAY	---	MAY not	---
You, They)	WOULD	'd *(ver nota)	WOULD not	wouldn't
	COULD	---	COULD not	couldn't

*NOTA: En afirmativo **WOULD** es el único de los auxiliares simples misceláneos que tiene contracción, la cual es igual para todos los pronombres: **I'd, You'd, He'd, She'd, It'd, We'd, You'd, They'd**.

Ejemplos:

SHOULD (DEBERIA, DEBERIAS, etc. - como expectativa o recomendación)

You *should* mow your lawn	**Deberías** podar tu césped
She *should* be proud of her son	Ella **debería** estar orgullosa de su hijo
We *shouldn't* worry about that	No **deberíamos** preocuparnos por eso

MUST (DEBO, DEBES, etc. - como obligación)

We *must* stop on red light	**Debemos** parar en luz roja
You *must* obey the orders	**Debes** obedecer las órdenes
I *mustn't* stay too late	**No debo** quedarme muy tarde

SHALL (DEBERE, DEBERAS, etc. - como mandato)

You *shall not* kill	No matarás / **No deberás** matar

NOTA: En modo INTERROGATIVO es como una petición de consentimiento:

Shall we dance?	¿Bailamos?

MIGHT (PUDIERA, PUDIERAS, etc. - como posibilidad)

They *might* win the game	Ellos **pudieran** ganar el juego
She *might* come Tomorrow	Ella **pudiera** venir mañana
The machine *might not* work	La máquina **pudiera** no funcionar

MAY (para PEDIR PERMISO o para DAR PERMISO)

May I open the window?	¿**Puedo** abrir la ventana?
You *may* go home when you are done	**Puedes** irte a casa cuando termines
May I smoke?	¿**Puedo** fumar?

WOULD (para CONJUGAR a la forma "ía, ías, ían, íamos")

Would you please **help** me with my baggage?	¿Me **ayudar*ías*** por favor con mi equipaje?
I *would* **join** the team if they asked me I*'d* **join** the team if they asked me	Yo me **unir*ía*** al equipo si me lo pidieran
We *wouldn't* **dare** to do it	No nos **atrever*íamos*** a hacerlo

COULD (PODRÍA, PODRÍAS, PODRÍAMOS, PODRÍAN)

Could you please help me with my baggage?	¿**Podrías** ayudarme por favor con mi equipaje?
Ulises *could* become an astronaut	Ulises *podría* llegar a ser astronauta

LECCIÓN 5

Me, Mine, My, etc.

En este capítulo veremos como diferenciar en inglés cuando decimos, por ejemplo, 1) "para **mí**", o 2) "**mi** casa", o 3) "este libro es **mío**", así como las aplicaciones correspondientes para "**tu**", "**su**", **nuestro**", etc. Abajo se resumen todas estas formas:

Pronombre	1	Español	2	Español	3	Español
I	**me**	mí, me	**my**	mi, mis	**mine**	mío(s) mía(s)
YOU	**you**	ti, te, usted, lo, le, la	**your**	tu, tus, su, sus	**yours**	tuyo(s) tuya(s) suyo(s) suya(s)
HE	**him**	él, le, lo	**his**	su, sus	**his**	suyo(s) suya(s)
SHE	**her**	ella, le, la	**her**	su, sus	**hers**	suyo(s) suya(s)
IT	**it**	ello, le, lo, la	**its**	su, sus	**its**	suyo(s) suya(s)
WE	**us**	nosotros, nos	**ours**	nuestro(s) nuestros(s)	**ours**	nuestro(s) nuestra(s)
YOU	**you**	ustedes, les, los, las	**your**	su sus	**yours**	suyo(s)
THEY	**them**	ellos, les, los, las	**their**	su sus	**theirs**	suyo(s)

Ejemplos:

ME, MY, MINE

Is this candy for **me**?	¿Es este dulce para **mí**?
Please give **me** your phone number	Por favor da**me** tu número telefónico
My youngest sister is Ludmila	**Mi** hermana más joven es Ludmila
My boots are black	**Mis** botas son negras
That design is **mine**	Ese diseño es **mío**
These tools are **mine**	Estas herramientas son **mías**

YOU, YOUR, YOURS

I love **you**	**Te** amo **Lo** amo (usted – masculino) **La** amo (usted – femenino) **Le** amo (usted – genérico)
This beer is for **you**	Esta cerveza es para **ti** Esta cerveza es para **usted**
Your hands are so soft **Your** hair is beautiful	**Tus** manos son tan suaves **Sus** manos (de usted) son tan suaves **Tu** cabello es hermoso **Su** cabello (de usted) es hermoso
This notebook is **yours** This oranges are **yours**	Este cuaderno es **tuyo** Este cuaderno es **suyo** (de usted) Estas naranjas son **tuyas** Estas naranjas son **suyas** (de usted)

ME, MY, MINE, ETC.
HIM, HIS, HIS, HER, HER, HERS

Give it to **him** (**her**)	Dáse**lo** (cuando el objeto dado es masculino – libro, tenedor, etc.) Dáse**la** (cuando el objeto dado es femenino – fresa, sombrilla, etc.)
Give them to **him** (**her**)	Dáse**los** (cuando los objetos dados son masculinos – chocolates, patines, etc.) Dáse**las** (cuando los objetos dados son femeninos – camisas, galletas, etc.)
His name is Alejandro **Her** name is Andrea	**Su** nombre es Alejandro **Su** nombre es Andrea
His (**Her**) daughters are Paulina and Karla	**Sus** hijas (de él o de ella) son Paulina y Karla
All that money is **his** (**hers**)	Todo ese dinero es **suyo** (de él o de ella)

IT, ITS, ITS

The cat is hungry, please feed **it**	El gato tiene hambre, por favor aliménta**lo**
Here is the television, and this is **its** remote control	Aquí está el televisor, y este es **su** control remoto
This dog is so spoiled; look this cushion, this pillow and this blanket, all of this is **its**!	Este perro esta muy mimado; mira este colchón, esta almohada y esta cobija, ¡todo esto es **suyo**!

YOU, YOUR, YOURS

Irma, Filiberto, Alfredo and Yesmin, this project is for **you**	Irma, Filiberto, Alfredo y Yesmin, este proyecto es para **ustedes**
Genaro and Rodrigo, what did **your** teacher tell **you** about **your** homeworks?	Genaro y Rodrigo, ¿qué **les** dijo **su** maestra acerca de **sus** tareas?
Fellows, **your** performance has improved a lot	Compañeros, **su** desempeño ha mejorado mucho
Marina and German, these presents are **yours**	Marina y Germán, estos regalos son **suyos**
Lita, these bags are **yours**	Lita, estas bolsas son **suyas**
Sons, from now on this house is **yours**	Hijos, de hoy en adelante esta casa es **suya**
Megan and Camden, this cake is **yours**	Megan y Camden, este pastel es **suyo**

US, OUR, OURS

God's grace is for all of **us**	La gracia de Dios es para todos **nosotros**
Our company provides a retirement savings fund	**Nuestra** compañía provee un fondo de ahorro para el retiro
Our children are at school	**Nuestros** hijos están en la escuela
Jesus is **our** Redeemer	Jesús es **nuestro** Redentor
These pencils are **ours**	Estos lápices son **nuestros**
This car is **ours**	Este auto es **nuestro**
These strawberries are **ours**	Estas fresas son **nuestras**
That television is **ours**	Esa televisión es **nuestra**

THEM, THEIR, THEIRS

These tickets are for **them**. Give **them** the tickets.	Estos boletos son para **ellos**. Da**les** los boletos.
Their house is so cozy! Those are **their** bicycles	¡**Su** casa (de ellos o de ellas) es tan acogedora! Esas son **sus** bicicletas (de ellos o de ellas)
This room is **theirs** The red uniforms are **theirs**	Este cuarto es **suyo** (de ellos o de ellas) Los uniformes rojos son **suyos** (de ellos o de ellas)
That ball is **theirs** These apples are **theirs**	Esa pelota es **suya** (de ellos o de ellas) Estas manzanas son **suyas** (de ellos o de ellas)

51

LECCIÓN 6

To Be Going

Esta forma verbal suele causar confusión porque literalmente significa "**estar yendo**" y su conjugación, traducida literalmente, sería "estoy yendo", "estás yendo", "está yendo", etc. Y, efectivamente, en ocasiones se traduce así, pero en realidad la traducción más frecuente de "TO BE GOING" es simplemente "**IR**" – como si fuera el verbo "TO GO", pero con diferente aplicación.

Esta es una de las formas verbales donde el inglés es más específico que el español, pero no hay una regla bien definida para saber cuando se usa "to go" y cuando se usa "to be going", así que lo más recomendable es que usted observe en qué casos se aplica cuando lee o cuando escucha el inglés – y poco a poco usted podrá identificar fácilmente cuando debe aplicar el "I'm going to", el "You're going to", "He's going to", etc.

Por el momento considere estos ejemplos que le darán una idea de la aplicación de esta forma verbal:

Si usted dice "Voy al cine" eso puede significar que en este momento usted se dirige al cine o simplemente que usted es una persona que acostumbra ir al cine.

Observe estos dos casos que muestran la diferencia:

Primer caso: Una persona se encuentra a un amigo en un centro comercial y le dice:"Hello!, where **are you GOING**?" ("¡Hola! ¿A dónde **vas**?). Su amigo le contesta "I'm **GOING** to the movies" ("**VOY** al cine").

Segundo caso: Dos personas se acaban de conocer y están conversando. Una de ellas comenta: ("Due to my religion I don't **GO** to the movies" ("Debido a mi religión yo no **VOY** al cine"). Y la otra contesta: "Oh, I don't have a problem with that, I **GO** to the movies" (Oh, yo no tengo problema con eso, yo sí **VOY** al cine").

Y aquí está esta tabla con las conjugaciones en modo AFIRMATIVO:

	PRESENTE	PASADO	FUTURO
I	am GOING to	was GOING to	will be GOING to
YOU	are GOING to	were GOING to	will be GOING to
HE	is GOING to	was GOING to	will be GOING to
SHE	is GOING to	was GOING to	will be GOING to
IT	is GOING to	was GOING to	will be GOING to
WE	are GOING to	were GOING to	will be GOING to
YOU	are GOING to	were GOING to	will be GOING to
THEY	are GOING to	were GOING to	will be GOING to

TO BE GOING

Ejemplos:

Amaranta **is going** to the Kindergarten	Amaranta **va** al Kinder
I saw Lori when she **was going** to the game	Vi a Lori cuando **iba** al juego
Are you going to the doctor regularly?	¿**Estás yendo** al doctor regularmente?
Ulises **will be going** to high school soon	Ulises **irá** a la preparatoria pronto
I **will be going** to see you at least once a month	**Estaré yendo** a verte por lo menos una vez al mes

Y estas son las conjugaciones en modo NEGATIVO:

	PRESENTE	PASADO	FUTURO
I	am not GOING to	was not GOING to	will not be GOING to
YOU	are not GOING to	were not GOING to	will not be GOING to
HE	is not GOING to	was not GOING to	will not be GOING to
SHE	is not GOING to	was not GOING to	will not be GOING to
IT	is not GOING to	was not GOING to	will not be GOING to
WE	are not GOING to	were not GOING to	will not be GOING to
YOU	are not GOING to	were not GOING to	will not be GOING to
THEY	are not GOING to	were not GOING to	will not be GOING to

Ejemplos:

I **am not going** to disappoint you	**No voy** a decepcionarte
Erika **was not going** to the beach yesterday	Erika **no iba** a la playa ayer
Wasn't Erika **going** to the beach yesterday?	¿**No iba** Erika a la playa ayer?
Jack **will not be going** to that school	Jack **no irá** a esa escuela
I think he **will not be going** to visit you often	Yo creo que él **no estará yendo** a visitarte seguido

Hay otras conjugaciones del "to be going" pero son de uso menos frecuente y el incluir todas las formas verbales correspondientes extendería demasiado este manual, por lo tanto no incluyo mucho detalle al respecto – solamente algunos ejemplos:

Allen **has been going** back and forth across the border daily	Allen **ha estado yendo** y viniendo a través de la frontera diariamente
Has Laura **been going** to church?	¿**Ha estado** Laura **yendo** a la iglesia?
We **have not been going** to San Diego very often	**No hemos estado yendo** a San Diego muy seguido.

Si desea familiarizarse más con todas las formas del "to be going" la mejor manera es leer mucho en inglés y observar como aparece este verbo a lo largo de la lectura.

LECCIÓN 7

Interrogativo

Normalmente cualquier aprendiz del inglés sabe preguntar "**How are you?**". Pero cuando quieren hacer otro tipo de pregunta, entonces a muchos les parece muy difícil. Por ejemplo, alguien dice "This dress how much cost?" en lugar de decir "How much **does** this dress cost?"

El caso es que hay reglas muy sencillas para hacer preguntas, o sea, oraciones interrogativas. Son básicamente **dos maneras**:

a) SE CAMBIA EL ORDEN en que se encuentran el SUJETO y el VERBO, o

b) SE AGREGA UN AUXILIAR

Veamos todas las posibilidades para un verbo cualquiera, por ejemplo el verbo **CANTAR** en sus cuatro tiempos básicos: **SING, SANG, SUNG, WILL SING**.

PRESENTE

AFIRMATIVO		INTERROGATIVO		
I	sing	Do	I	sing?
YOU	sing	Do	YOU	sing?
HE	**sings**	**Does**	HE	**sing**?
SHE	**sings**	**Does**	SHE	**sing**?
IT	**sings**	**Does**	IT	**sing**?
WE	sing	Do	WE	sing?
YOU	sing	Do	YOU	sing?
THEY	sing	Do	THEY	sing?

OJO: El "*does*" elimina al "*sings*" y se queda simplemente "*sing*"

PASADO

AFIRMATIVO		INTERROGATIVO		
I	sang	Did	I	sing?
YOU	sang	Did	YOU	sing?
HE	sang	Did	HE	sing?
SHE	sang	Did	SHE	sing?
IT	sang	Did	IT	sing?
WE	sang	Did	WE	sing?
YOU	sang	Did	YOU	sing?
THEY	sang	Did	THEY	sing?

¡Exactamente igual para todas los pronombres!

PASADO PARTICIPIO

AFIRMATIVO			INTERROGATIVO		
I	have	sung	have	I	sung?
YOU	have	sung	have	YOU	sung?
HE	**has**	sung	**has**	HE	sung?
SHE	**has**	sung	**has**	SHE	sung?
IT	**has**	sung	**has**	IT	sung?
WE	have	sung	have	WE	sung?
YOU	have	sung	have	YOU	sung?
THEY	have	sung	have	THEY	sung?

FUTURO

AFIRMATIVO			INTERROGATIVO		
I	will	sing	will	I	sing?
YOU	will	sing	will	YOU	sing?
HE	will	sing	will	HE	sing?
SHE	will	sing	will	SHE	sing?
IT	will	sing	will	IT	sing?
WE	will	sing	will	WE	sing?
YOU	will	sing	will	YOU	sing?
THEY	will	sing	will	THEY	sing?

Observe que también en futuro (como en pasado – página anterior) la conjugación es **exactamente igual para todos los pronombres**. ¡Sencillo! ¿no?

INTERROGATIVO CON AUXILIARES SIMPLES

Al igual que con el pasado y con el futuro, también con los auxiliares simples el interrogativo es exactamente igual para todos los pronombres. Observe:

Can

AFIRMATIVO			INTERROGATIVO		
I	can	sing	can	I	sing?
YOU	can	sing	can	YOU	sing?
HE	can	sing	can	HE	sing?
SHE	can	sing	can	SHE	sing?
IT	can	sing	can	IT	sing?
WE	can	sing	can	WE	sing?
YOU	can	sing	can	YOU	sing?
THEY	can	sing	can	THEY	sing?

Could

AFIRMATIVO			INTERROGATIVO		
I	could	sing	could	I	sing?
YOU	could	sing	could	YOU	sing?
HE	could	sing	could	HE	sing?
SHE	could	sing	could	SHE	sing?
IT	could	sing	could	IT	sing?
WE	could	sing	could	WE	sing?
YOU	could	sing	could	YOU	sing?
THEY	could	sing	could	THEY	sing?

Should

AFIRMATIVO			INTERROGATIVO		
I	should	sing	should	I	sing?
YOU	should	sing	should	YOU	sing?
HE	should	sing	should	HE	sing?
SHE	should	sing	should	SHE	sing?
IT	should	sing	should	IT	sing?
WE	should	sing	should	WE	sing?
YOU	should	sing	should	YOU	sing?
THEY	should	sing	should	THEY	sing?

Ahora, si usted quiere hacer una pregunta en modo negativo simplemente le agrega "NOT" al auxiliar involucrado (o su contracción correspondiente) y se sigue exactamente la misma regla mostrada en las tablas anteriores, tal como se ve en la siguiente tabla:

NEGATIVO			INTERROGATIVO		
I	shouldn't	sing	shouldn't	I	sing?
YOU	shouldn't	sing	shouldn't	YOU	sing?
HE	shouldn't	sing	shouldn't	HE	sing?
SHE	shouldn't	sing	shouldn't	SHE	sing?
IT	shouldn't	sing	shouldn't	IT	sing?
WE	shouldn't	sing	shouldn't	WE	sing?
YOU	shouldn't	sing	shouldn't	YOU	sing?
THEY	shouldn't	sing	shouldn't	THEY	sing?

Y así también con cualquiera otro de los auxiliares simples.

Must

AFIRMATIVO			INTERROGATIVO		
I	must	sing	must	I	sing?
YOU	must	sing	must	YOU	sing?
HE	must	sing	must	HE	sing?
SHE	must	sing	must	SHE	sing?
IT	must	sing	must	IT	sing?
WE	must	sing	must	WE	sing?
YOU	must	sing	must	YOU	sing?
THEY	must	sing	must	THEY	sing?

NEGATIVO			INTERROGATIVO		
I	mustn't	sing	mustn't	I	sing?
YOU	mustn't	sing	mustn't	YOU	sing?
HE	mustn't	sing	mustn't	HE	sing?
SHE	mustn't	sing	mustn't	SHE	sing?
IT	mustn't	sing	mustn't	IT	sing?
WE	mustn't	sing	mustn't	WE	sing?
YOU	mustn't	sing	mustn't	YOU	sing?
THEY	mustn't	sing	mustn't	THEY	sing?

Como puede ver, todo es repetición, las conjugaciones con estos auxiliares se estructuran exactamente de la misma manera. Por lo tanto resultaría redundante mostrar muchas mas tablas cuando ya debe ser obvia la conjugación repetitiva.

Por lo tanto conviene resumir dichas conjugaciones para todos los auxiliares simples en una sola tabla para afirmativo y otra tabla para negativo:

Resumen De Auxiliares Simples En Interrogativo:

NOTA: En lugar de "(pronoun)" usted puede escribir cualquier pronombre (I, You, He, She, It, We, You, They)

AFIRMATIVO			INTERROGATIVO		
(pronoun)	can	sing	can	(pronoun)	sing?
(pronoun)	could	sing	could	(pronoun)	sing?
(pronoun)	should	sing	should	(pronoun)	sing?
(pronoun)	shall	sing	shall	(pronoun)	sing?
(pronoun)	must	sing	must	(pronoun)	sing?
(pronoun)	would	sing	would	(pronoun)	sing?
(pronoun)	will	sing	will	(pronoun)	sing?
(pronoun)	might	sing	might	(pronoun)	sing?
(pronoun)	may	sing	may	(pronoun)	sing?

AFIRMATIVO			INTERROGATIVO		
(pronoun)	can not	sing	can not	(pronoun)	sing?
(pronoun)	could not	sing	could not	(pronoun)	sing?
(pronoun)	should not	sing	should not	(pronoun)	sing?
(pronoun)	shall not	sing	shall not	(pronoun)	sing?
(pronoun)	must not	sing	must not	(pronoun)	sing?
(pronoun)	would not	sing	would not	(pronoun)	sing?
(pronoun)	will not	sing	will not	(pronoun)	sing?
(pronoun)	might not	sing	might not	(pronoun)	sing?
(pronoun)	may not	sing	may not	(pronoun)	sing?

Ejemplo

THOSE GOOD OLD DAYS

I was born in Mexicali, Baja California, Mexico. All **my** childhood **I lived** in a country town. **My** grandfather (on my mother's side) **was** a peasant, and he owned 20 hectares of crop land. **My** father **was** an elementary school teacher, **he used to say** that **he would have preferred to be** an architect instead but, due to financial limitations, **he didn't have** that choice. That's why **he wanted** all of **his** children to get a university degree (in **my** case **I did get** a university degree, as **did** two of **my** sisters).

Yo nací en Mexicali, Baja California, México. Toda mi infancia la pasé en un poblado rural. Mi abuelo (por parte de mi madre) era campesino, y poseía 20 hectáreas de terreno de cultivo. Mi padre era maestro de primaria, y solía decir que hubiera preferido ser arquitecto pero, debido a limitaciones económicas, no tuvo esa opción. Por eso él quería que todos sus hijos obtuvieran un título universitario (en mi caso yo sí completé una carrera universitaria, al igual que dos de mis hermanas).

Living in the country **gave me** the opportunity to enjoy things most of the city kids **don't have** a chance to enjoy. Things like **riding** a horse, **swimming** often in summer time, **riding** on a tractor, **working** on the cotton fields just for fun, **tasting** real fresh – home **grown** – vegetables, and so on.

El vivir en el campo me dió la oportunidad de disfrutar cosas que la mayoría de los niños de la ciudad no tienen la oportunidad de disfrutar. Cosas como montar a caballo, nadar seguido en verano, pasear en un tractor, trabajar en los algodonales por pura diversión, gustar verduras verdaderamente frescas – cultivadas en casa – y cosas por el estilo.

One of the things **I recall** from those years is how **we** kids **used** to fish fresh water crabs with no hook at all – just bait, tied to a cotton or nylon thread. The crab **grabbed** the bait and **started eating,** and then **we pulled** the line very slowly and **took it** out of the water. When the crab **realized it was** out of **its** environment **it was** too late. Once **we had** a little load of crabs **we removed** the tails from the heads (well, for crabs head and body **are** the same part of the body **you** know) and **tossed** the heads off to the chickens, and then **we cooked** the tails in boiling water. Finally **we ate** them with lemon and salt (**they taste** almost like shrimp). **That was** fun; **I wouldn't have changed it** for a Game Boy or a Play Station (of course **they did not exist** yet).

Una de las cosas que recuerdo de esos años es como los niños acostumbrábamos pescar cangrejos de agua dulce sin ningún anzuelo – solo la carnada, atada a un hilo de algodón o de nylon. El cangrejo agarraba la carnada y empezaba a comerla, y entonces nosotros jalábamos el hilo muy lentamente y lo sacábamos del agua. Cuando el cangrejo se daba cuenta que estaba fuera de su ambiente ya era demasiado tarde. Una vez que teníamos una pequeña carga de cangrejos les arrancábamos las colas a las cabezas (bueno, para los cangrejos cabeza y cuerpo son la misma parte del cuerpo usted sabe), arrojábamos las cabezas a las gallinas y luego cocíamos las colas en agua hirviendo. Finalmente las comíamos con limón y sal (saben casi como camarón). Aquello era divertido, no lo hubiera cambiado por un Game Boy o por un Play Station (claro que todavía no existían).

Still, there were other experiences that **I would** rather change – **I should have done** different. Like when one of **my** brothers and **I brought** a lot of live crabs and decided **it would be** a good idea to "**seed**" with crabs the water reservoir (just a wide hole **dug** in the ground) outside **our** house. So **we tossed** the crabs, one by one, into the crystal clear water (**I think they were** really happy), then we just **walked** into **our** house **to have** lunch. **Can you guess** what **happened** next? Just a couple hours later mom **called us** (**she was** really upset!) – the crabs **had dug their** "homes" on the muddy bottom of the reservoir, **making** a real mess in the water! That crystal clear water **had turned** all brown! **How was mom going to wash** the clothes, **how was she going to wash** the dishes? She **would have to do** long walks to a neighbor's reservoir to bring clean water. Man, **were we feeling** bad? If spanking **us had solved** mom's problem **we would have submitted** to **it** gladly! (The moral **is**: "**You shall not toss** live crabs into the water reservoir").

Fortunately within a couple days the mud **had settled** and the water **was** crystal clear again – thank God!

Sin embargo, hubo otras experiencias que preferiría cambiar – debería haberlo hecho diferente. Como cuando uno de mis hermanos y yo trajimos un montón de cangrejos vivos y decidimos que sería buena idea "sembrar" con cangrejos el estanque (simplemente un hoyo ancho cavado en el suelo) afuera de nuestra casa. Así que arrojamos los cangrejos, uno por uno, al agua cristalina (creo que estaban verdaderamente felices), y luego simplemente entramos a nuestra casa a comer. Se puede imaginar que ocurrió después? Apenas un par de horas después mamá nos llamo (estaba muy enojada!) – los cangrejos habían cavado sus "hogares" en el fondo lodoso del estanque creando un verdadero revoltijo en el agua! Aquella agua cristalina se había vuelto completamente café. ¿Cómo iba mamá a lavar la ropa, cómo iba a lavar los trastes? Tendría que hacer largas caminatas al estanque de la vecina para traer agua limpia. Hombre, ¡pero qué mal nos sentíamos! Si con darnos una zurra mamá hubiera resuelto su problema ¡con mucho gusto nos hubiéramos sometido al castigo! (La moraleja es: "No arrojarás cangrejos vivos al estanque").

Afortunadamente en un par de días el lodo se había asentado y el agua estaba cristalina de nuevo – ¡gracias a Dios!

Probably the best memories of **my** childhood **are** those related to the development of a strong belief in God. To a higher or lesser degree the members of **my** family **believed** in God. I really **did not comprehend** the nature of this Supreme Being, and the teaching of Evolution at school **brought** some doubts to **my** mind. But **I'm** so grateful now that God himself finally **brought** to **my** mind that indescribable peace and joy of feeling safe in **his** loving hands – that **He will take** care of me (and **you** and everyone) along the ups and downs of life, and that **you** **can make** a difference in this world to **make it** a better place to live.

Probablemente los mejores recuerdos de mi niñez son los relacionados al desarrollo de una firme creencia en Dios. En mayor o menor grado todos los miembros de mi familia creían en Dios. Yo en realidad no comprendía la naturaleza de este Ser Supremo, y la enseñanza de la Evolución en la escuela me metió algunas dudas en la mente. Pero hoy me siento tan agradecido de que Dios finalmente trajo a mi mente esa paz y ese gozo indescriptible de sentirme seguro en sus manos amorosas – de que El cuidará de mi (y de usted y de todos) a lo largo de los altibajos de la vida, y de saber que uno puede hacer la diferencia en este mundo para convertirlo en un mejor lugar para vivir.

So, these **are** just a few memories to describe what **I call** the good old days of **my** childhood at Mexicali valley. **I could write** a lot of stories about those years but **I must not be** too long.

Así que estos son solo algunos recuerdos para describir lo que yo llamo los viejos y buenos tiempos de mi niñez en el valle de Mexicali. Podría escribir muchas historias acerca de esos años pero no debo extenderme tanto.

COMENTARIO: Note como los párrafos están literalmente salpicados con los **pronombres** (**I**, **you**, **he**, etc.), con los **verbos**, con los **auxiliares** y con los **"my"**, **"his"**, **"their"**, etc. Ese es el ESQUELETO del inglés. Y agregándole el vocabulario, que viene siendo como la "carne" del idioma, se forma el "cuerpo" completo del idioma inglés.

LECCIÓN 9

Recomendaciones Finales

QUÍTESE LOS PREJUICIOS CONTRA EL INGLÉS

Hay quienes tienen la idea de que aprender otro idioma es cosa que solo pueden lograr las personas de alto nivel intelectual pero el cerebro humano tiene la capacidad de aprender otro idioma así como tuvo la capacidad de aprender un primer idioma.

Hay personas para quienes el pensar que el inglés está al revés es un obstáculo para que entenderlo y aprenderlo. El inglés no está al revés, el inglés funciona diferente que el español. Usted necesita aceptar el inglés como es, ni más ni menos como aceptó usted el español sin cuestionarlo, sin pensar que era muy complicado. Usted simplemente lo oía y lo oía, y un día dijo su primera palabra, y luego otra, y otra. Y después empezó a armar oraciones y luego frases completas. Luego empezó a aprender a leer y a escribir (pero para entonces usted ya sabía hablar).

Ahora tiene la ventaja de que usted ya sabe leer y escribir. Y en inglés va a usar las mismas letras que usa en español – no necesita aprender letras nuevas.

A lo largo de su vida usted ha aprendido muchas cosas (hablar, escribir, sumar, restar, las tablas de multiplicar, andar en bicicleta, etc.), y el inglés es solo una cosa más que usted quiere aprender – no es nada del otro mundo, no está fuera del alcance de su cerebro. Olvide sus prejuicios y empiece con la mente fresca y, si así lo hace, realmente disfrutará el proceso de aprender otro idioma.

LEA EL INGLÉS

Lea revistas, libros, periódicos, lo que a usted le guste leer. Y siempre que lea tenga a la mano un buen diccionario.

OIGA EL INGLÉS

Habitúese a oír el inglés, de preferencia en la televisión porque así puede relacionar las imágenes con las palabras y, aunque oiga una palabra que no conozca, a veces puede deducir su significado por lo que está viendo. Si su televisor tiene sistema de subtítulos en inglés eso le ayudará bastante. Se de varios casos, incluyendo a mi hijo mayor, de niños que han aprendido inglés tan solo con ver programas (caricaturas, programas cómicos o de acción, películas, etc.) en inglés. (PRECAUCION: Hay que tener cuidado para que sus hijos no caigan en el extremo de volverse adictos a la televisión).

CONVERSE EN INGLÉS

Aquí sólo veo dos opciones prácticas: **Hablar con gente de**

habla inglesa o bilingüe (si tiene la oportunidad – en el trabajo, con parientes en Estados Unidos, etc.) o inscribirse en **un curso donde sólo se hable en inglés** (en este último caso la diferencia es que al usar este manual usted no tendrá que pasar tanto tiempo estudiando un curso sino que podrá avanzar más rápidamente).

Y, como ya mencioné anteriormente, si usted no empieza a practicar lo que va aprendiendo no podrá avanzar en el aprendizaje del inglés. Así que ¡háblelo! ¡No tenga miedo – que no le dé vergüenza! ¡Cante en inglés (no es difícil conseguir la letra de canciones en inglés)! ¡Diviértase – disfrútelo!

USE ESTE MANUAL

Este manual es de uso práctico. Este manual es para que usted lo lleve con usted junto con un diccionario de bolsillo para que cuando lea, oiga o converse en inglés, use las estructuras contenidas en este manual. Usted verá que prácticamente no hay ninguna frase que no encaje en alguna de estas estructuras del inglés. Y llegará el momento en que usted ya no necesite este manual, una vez que el esqueleto del inglés haya quedado integrado a su mente y usted haya llegado a dominar el idioma.

Un último detalle es que mientras no tenga usted planes de trabajar como traductor no espere dominar el inglés al 100%. Yo soy bilingüe pero aun así mi dominio del inglés es como del 98% - es decir que de cada 100 palabras que leo u oigo me encuentro una o dos que no conozco. Así que no se desanime si después de avanzar mucho en su aprendizaje todavía se encuentra tres o cuatro palabras que no entiende; muchas veces uno entiende la idea o deduce el significado de la palabra que no entiende. Y en todo caso, siempre queda el recurso de usar el diccionario.

So, keep going! You will make it! (Así que ¡siga adelante! ¡Usted lo logrará!).

Printed in the United States
by Baker & Taylor Publisher Services